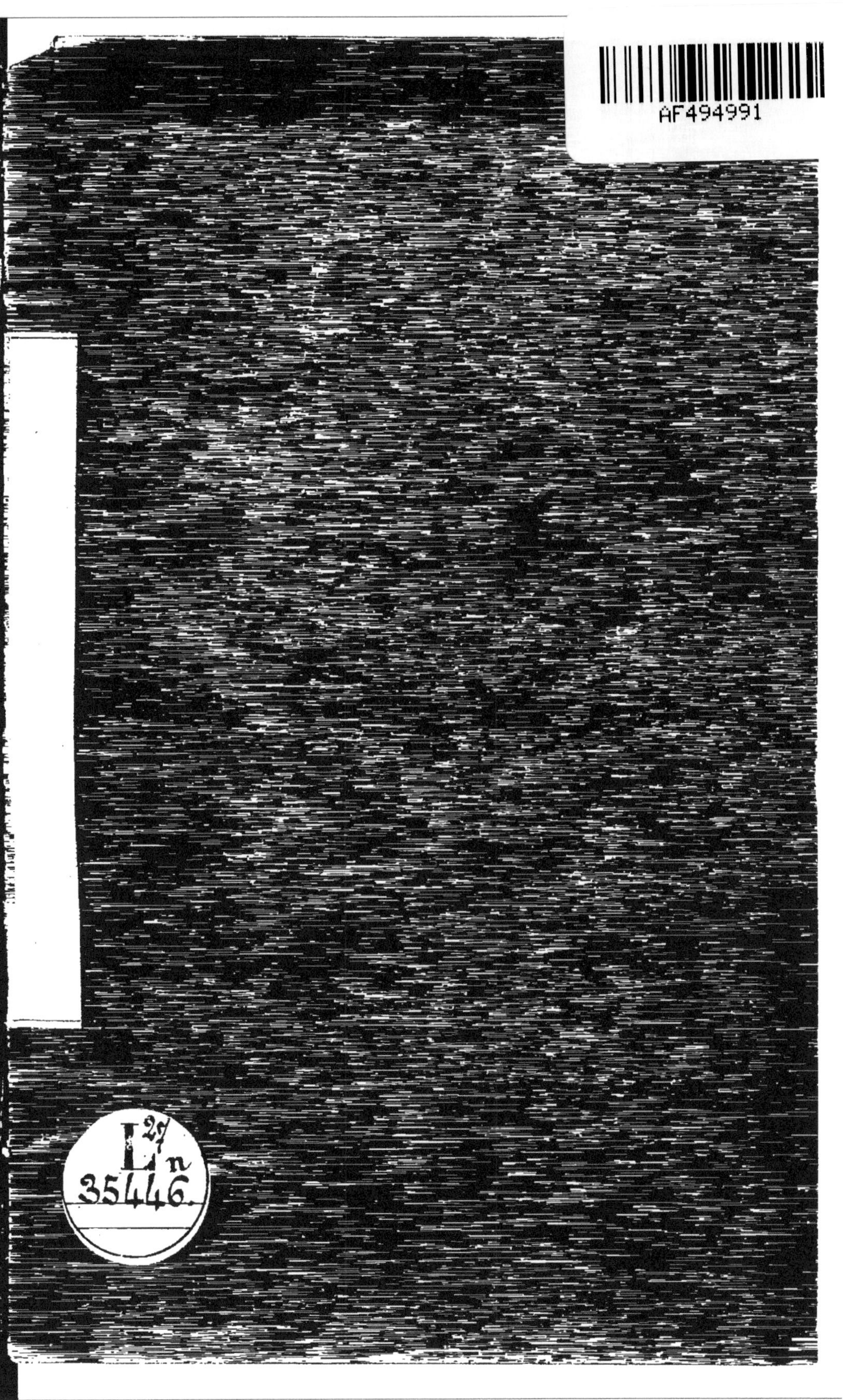

Conserver la couverture

ÉLOGE DE

PAUL BROCA, *fondateur de la Société d'anthropologie, prononcé en séance solennelle le 27 novembre 1884, par E. DALLY, ancien président.*

Extrait des Bulletins de la Société d'anthropologie, novembre 1884.

ÉLOGE

DE

PAUL BROCA

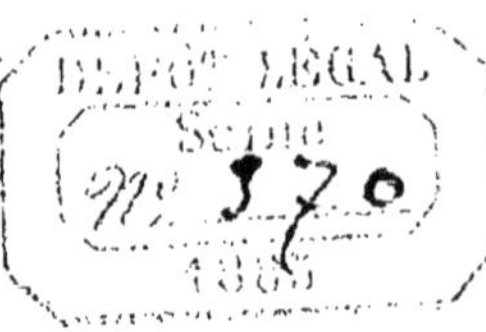

Par E. DALLY.

MESSIEURS,

Il y a quelques mois, le 4 janvier 1884, la Société d'anthropologie décida que, chaque année, vers l'époque où s'ouvrent les cours de l'École, il serait fait une conférence qui porterait le nom de Broca, leur fondateur.

J'avais eu le mérite de l'initiative, s'il y a mérite à se faire l'interprète d'une pensée que tous pouvaient revendiquer ; on me déféra donc l'honneur d'inaugurer la conférence Broca, honneur d'autant plus redoutable que le choix du sujet, libre pour tous les orateurs qui me succéderont, s'imposait doublement aujourd'hui. Le temps était venu de rendre un solennel hommage au savant illustre qui si longtemps anima nos travaux ; d'autre part, la Société d'anthropologie doit décerner aujourd'hui, pour la première fois, le prix que, dans une pieuse pensée, Mme Broca a fondé à la mémoire de celui dont elle a été la digne compagne. Sans cette dernière circonstance, peut-être eût-il mieux valu attendre encore ; la mémoire de Broca n'y eût rien perdu. Il faudra des années pour analyser, connaître et propager l'œuvre du maître. A cette heure, bien peu la connaissent tout entière et, pour ceux qui, sans avoir vécu à l'ombre de sa vie, se hasarderaient à l'apprécier, la tâche serait rude ; quelques années encore, et l'on comprendra mieux les apports de Broca dans le trésor commun du savoir ; il sera plus facile de juger et de mesurer ; je veux dire par là que son nom, qui n'est guère connu du public que par la beauté du caractère de l'homme et par sa fin prématurée, le sera par la connaissance détaillée des œuvres qu'il a signées et qui ne peuvent être appréciées aujourd'hui que par un petit nombre ; sa gloire sera plus complète.

Mais, une plus longue attente eût pu paraître de l'oubli. La Société d'anthropologie a été devancée, et je ne parle pas ici de ceux, non les moins illustres, qui, sur sa tombe encore ouverte, ont prononcé le suprême adieu, mais de cet éloquent éloge que M. Horteloup[1] a prononcé devant la Société de chirurgie, de la biographie rapidement, mais brillamment tracée par M. Pozzi[2], complétée ensuite[3], des biographies qu'ont écrites MM. Reclus[4] et Monod[5], et des nombreuses notices qui ont paru dans divers recueils l'année même où nous fut enlevé notre fondateur.

Si donc je tente de m'excuser, ce n'est pas pour le choix du sujet : on écrira longtemps encore sur Broca et toujours utilement ; c'est pour la témérité que j'ai montrée en ne me dérobant pas à mon devoir de premier lecteur de cette conférence. Mais il n'a pas dépendu de moi que quelque autre de mes collègues prît ici ma place ; je l'ai offerte, sans succès, à plus d'un qui m'en semblait digne, et, de guerre lasse, il ne me reste que l'espoir de votre bienveillance.

Paul Broca est né dans la Gironde, à Sainte-Foy-la-Grande, le 28 juin 1824. Seize années plus tard, après une série de succès classiques qu'il devait poursuivre, sans jamais faillir, jusqu'à la dernière heure, le jeune élève, déjà professeur, prit son premier baccalauréat et successivement les autres ; le docteur Boymier, son camarade, nous fait de ses aptitudes intellectuelles un tableau saisissant ; et, si l'on en croit un autre camarade, notre collègue Eschenauer, qui veut que « l'homme soit tout entier dans l'enfant », le jeune professeur de seize ans critiquait déjà les bénédictins, Cuvier lui-même, il essayait une classification des races humaines et découvrait,

[1] *Eloge de M. le docteur Paul Broca* (*Bulletins de la Soc. de chir.*, 1883).
[2] Paul Broca, *Biographie, Bibliographie* (*Revue d'anthropologie*, oct. 1880).
[3] *Revue scientifique*, 1881.
[4] *Revue de méd. et de chir.*, octobre 1880.
[5] *Bull. de la société anat.*, 1882.

aux yeux ébahis de son auditoire, de vastes horizons préhistoriques. (*Bulletins*, p. 678, 1883.) Ce qui est plus sûr, c'est qu'il conquit, dès l'âge de vingt ans, dans un concours difficile, après deux années de médecine, le titre si recherché d'interne des hôpitaux de Paris. Dès sa seconde année d'internat, il entra dans le service chirurgical d'un homme qui devait avoir sur son existence entière l'influence la plus décisive, le professeur Gerdy, dont la mort lui fournit l'occasion d'écrire, en 1856, un éloge historique, véritable chef-d'œuvre, qui eut un éclatant retentissement.

A travers les émotions de la période révolutionnaire, à laquelle Broca s'était ardemment intéressé, le jeune interne fut, en 1848, nommé prosecteur de la Faculté, et il se préparait à rejoindre sa famille, comptant exercer sa profession à Bordeaux, lorsque sa digne mère, désolée cependant d'une séparation qu'elle sentait définitive, l'engagea elle-même à rester à Paris et à poursuivre cette carrière difficile qui devait conduire son fils aux plus hauts sommets de sa profession. Broca accueillit cette nouvelle marque de dévouement avec une profonde reconnaissance, dit M. Horteloup. « Croyez, écrivit-il à ses parents, que je sais combien ce sacrifice a dû vous coûter ; mais croyez aussi que je sais à quoi cela m'engage. Non, vous n'avez pas trop présumé de mes forces ! l'avenir vous prouvera que je suis digne de votre confiance. » Cet avenir, c'était le lendemain même, car, dès 1849, pas une année ne s'écoula qui n'apportât à la noble famille de Sainte-Foy quelque consolation sous la forme d'un éclatant honneur, d'autant plus apprécié que Benjamin Broca, le père de notre fondateur, était médecin lui-même, et quel médecin ! pendant plus de cinquante ans, médecin des pauvres du canton, « chevauchant dans les chemins effondrés, dit le docteur Boymier, courant dans la campagne, gagnant dans ses plus belles années dix-huit cents francs par an et allongeant parfois sa route pour pouvoir rapporter à la maison un petit écu, qu'il savait utile aux besoins du ménage ».

Plus tard, cet homme de bien et de mérite vint passer les

dernières années de sa longue existence auprès de son fils ; il l'accompagnait à l'hôpital et parmi nous ; il devint notre collègue, et ce fut un spectacle touchant pour tous que l'ingénieuse sollicitude avec laquelle, en intéressant son père à ses travaux, Broca charmait et prolongeait son existence. Mais, hélas ! cette réunion avait eu pour date la perte d'une épouse et d'une mère admirable, dont il ne parlait jamais sans émotion et dont il semblait avoir hérité les qualités de l'esprit et du cœur. Quelque distance qui les séparât, Broca ne quittait pas sa famille, il lui rendait compte de ses moindres actions et même de l'emploi de son temps ; il consacrait de longues heures, au milieu de ses concours, à faire oublier qu'il n'était plus là, au foyer paternel que la mort d'une fille adorée venait d'assombrir.

Du rôle chirurgical de Broca, de la place qu'il tint dans l'enseignement et dans la pratique de son art, dans la presse et dans la littérature médicales, je ne dirai rien ici. MM. Reclus, Pozzi et Horteloup ne m'ont, en effet, rien laissé à dire, et c'est à leurs écrits qu'il faut se reporter. Qu'il me soit permis cependant de rappeler qu'il fut l'un des premiers à s'engager dans la voie difficile des recherches microscopiques et à propager parmi nous l'habitude de ces recherches, qui, après bien des vicissitudes, éclairent aujourd'hui la médecine d'une pénétrante lumière ; en face de ceux qui sont à l'honneur, rappelons-nous ceux qui ont été à la peine et au premier rang, non loin de M. Charles Robin, Broca, Follin et M. Verneuil, ce triumvirat d'ardents pionniers qui ne se bornait pas à donner à la jeunesse des écoles des leçons de travail, qui lui donnait l'exemple de la moralité, l'amour passionné du travail, la haine du favoritisme et de la corruption civique, qui envahissait alors les classes dirigeantes. Cette étroite union d'amis, que la mort seule a dispersés, était en quelque sorte légendaire ; on a cru longtemps qu'une sorte de pacte les unissait, tant leur union paraissait étroite ; mais il n'en était rien. L'habitude de rencontrer ces jeunes chirurgiens dans les mêmes sentiers, mêlés aux mêmes luttes, associés aux mêmes protestations, toujours rivaux, toujours amis ou plutôt, comme dit le poète :

Non amici, fratres, non sanguine, corde,

avait seule fait naître dans l'esprit des étudiants cette espèce de ligue pour le vrai et pour le bien qui ne contribua pas peu à relever, au sein d'une génération profondément fatiguée et perturbée par les événements politiques, le niveau intellectuel et moral.

Dans ce temps, c'est-à-dire au début des études micrographiques, parurent des recherches d'anatomie pathologique devenues classiques sur les *maladies des os* et *des cartilages*, sur l'*accroissement des os longs*, sur le *rachitisme* et enfin sur l'*anatomie pathologique du cancer*.

Le *Traité des anévrismes* est un pur chef-d'œuvre de critique et de méthode qui provoqua un mouvement considérable non seulement dans l'étude de cette catégorie d'affections chirurgicales, mais dans la forme même de la littérature contemporaine, jusque-là généralement assez vague, diffuse, souvent même déclamatoire. Le *Traité des tumeurs*, digne de ses aînés, vint ensuite et resta malheureusement inachevé. Au jugement de M. Reclus, « aucun pays, aucun siècle ne nous montre un chirurgien ayant produit à trente ans des travaux de pareille valeur ».

La place que tenait Broca dans les sciences chirurgicales était déjà considérable ; il était manifestement désigné pour le professorat, et l'Académie de médecine ne sembla pas disposée à faire attendre l'heureux et déjà célèbre agrégé, lorsqu'on le vit, en 1858, communiquer à la Société de biologie une série de mémoires qui n'avaient avec les études habituelles de Broca que de lointaines affinités. La question de l'*hybridité* chez les animaux et chez l'homme y était traitée avec une indépendance d'esprit, assez rare pour l'époque, qui semblait avoir voulu fondre dans une même conception, sous la puissante influence de Cuvier, les dogmes religieux et les doctrines scientifiques ; il était de mode en haut lieu de faire de la science la servante de la foi, et l'Institut était bien loin d'y contredire ! Ceux qui pensent que les sciences affranchissent l'esprit humain des théologies n'ont qu'à consulter le tableau des membres de l'Académie des sciences de cette époque, qui, tous célèbres et quelques-uns illustres, sont ceux de chrétiens hautement déclarés, dont la mort n'a jamais démenti les opinions. Attaquer ouvertement le dogme de l'unité de l'espèce humaine, vouloir reconnaître plusieurs espèces, douter de la fécondité indéfinie de toutes les races humaines entre elles, en faire un genre, cela semblait naguère, le croirait-on, audacieux. Mais le monde va volontiers aux audacieux, et si restreint que fût le nombre des hommes qui s'intéressaient aux grandes questions scientifiques, les mémoires de Broca eurent un grand retentissement. Il semble, toutefois, qu'ils troublèrent la quiétude de quelques personnages importants de la Société de biologie : ce fut ainsi que Broca fut amené à fonder notre Société. Voici, dit l'auteur même de ces malencontreux écrits, d'après une note publiée en tête de leur réimpression, comment les choses se passèrent : « Cette lecture se prolongea pendant trois séances ; mais le président de la Société, M. Rayer, homme plein de prudence et de diplomatie, éprouvait un embarras voisin du malaise ; ce qui le préoccupait, ce n'était pas le côté scientifique de la question ; il reconnaissait d'ailleurs que le sujet rentrait complètement dans le programme de la biologie ; mais il craignait que la discussion d'un sujet aussi dangereux ne suscitât des embarras à la Société. Le voyant si malheureux, je lui offris d'en rester là et de retirer mon manuscrit déjà lu, pour le publier ailleurs. Il accepta ma proposition avec reconnaissance. Ce fut ainsi que mon travail sur l'hybridité fut publié à partir du mois de juillet 1858 dans le *Journal de physiologie;* et, pour dissiper tout à fait les inquiétudes du président, je n'annonçai même pas que la première partie de ce travail avait été lue à la Société de biologie. Cela surprit quelques-uns de mes collègues. Ils trouvaient que j'avais cédé trop facilement à des scrupules exagérés et regrettaient que le sujet que j'avais abordé ne pût se dérouler devant une Société savante. Je partageai ce regret ; mais la Société ethnologique à laquelle j'aurais pu m'adresser dix ans plus tôt ne tenait plus de séances depuis 1848, et j'avais promis au président de la Société de biologie de ne plus troubler son repos. Il fallait donc renoncer à la discussion de tout ce qui pouvait se rattacher à l'étude du genre humain, ou fonder une nouvelle Société où cette étude pourrait se poursuivre librement. Ce fut ce dernier avis qui prévalut, et il fut convenu que nous aviserions aux moyens de constituer une Société consacrée à l'étude de l'homme et des races humaines. Notre première réunion eut lieu au mois de novembre 1858. Nous étions six seulement, et je me plais à nommer les cinq membres de la Société de biologie qui prirent part avec moi à cette réunion : c'étaient MM. Brown-Sequard, Godard, Follin, Robin et Verneuil. Nous pûmes aisément tracer le programme de la nouvelle Société et même lui donner, par anticipation, le nom de *Société d'anthropologie*. Mais les difficultés commencèrent lorsque nous cherchâmes à obtenir des adhésions, car, à l'âge où nous étions alors, on a peu d'influence ; au bout de six mois, le chiffre de vingt membres que nous avions d'abord jugé nécessaire n'était pas encore atteint, et nous n'étions que dix-neuf lorsque nous ouvrîmes notre première séance le 19 mai 1859 dans le local de la Société de biologie. » (*Mémoires d'anthropologie* de Broca, édition Reinwald, t. III.)

Mais comment Broca avait-il été conduit à traiter de l'hybridité ? Cette même note nous l'apprend : en 1857, un éleveur de la Gironde, M. Bergis, lui avait fait présent, pendant les vacances, d'un hybride du lièvre et du lapin, d'une léporide, qui, fécondée au Muséum sous les yeux mêmes d'Isidore Geoffroy, avait éveillé l'intérêt de notre jeune chirurgien ; il apporta là la noble passion qu'il mettait à toutes les choses de l'esprit ; peu à peu, le sujet s'agrandit ; il s'étendit à tous les faits connus de l'hybridité animale, à tous les croisements humains ; il exposa ces faits à travers un historique merveilleux d'intérêt, et l'on ne sait ce qu'il faut admirer le plus du sens critique de l'auteur, de son style vivace et coloré, de son érudition singulière ou de la logique rigoureuse de ses déductions.

Ces mémoires sont au nombre de trois; leur publication s'est prolongée, dans le *Journal de physiologie*, pendant les années 1858-1859. Ils ont été tirés à part, en petit nombre, et ils ne figurent pas malheureusement dans nos publications. Cela n'a pas dépendu de moi. A la suite d'un rapport lu par notre secrétaire général sur les travaux de la Société (1863), nous fûmes tous frappés de l'omission presque complète qu'il avait faite de ses propres travaux, et pour que notre bilan fût complet, la Société me chargea de faire un rapport complémentaire. Les conclusions de ce rapport, adoptées avec enthousiasme, furent une invitation à notre collègue de vouloir bien nous autoriser à reproduire ces mémoires parmi les nôtres. Ce fut par une extrême délicatesse, si l'on en juge sur les raisons qu'il donne dans la réimpression de la collection de ses travaux anthropologiques (t. III), qu'il fit lui-même en 1877, qu'il s'y refusa. Aujourd'hui encore, plus de vingt ans après ma proposition, j'éprouve le sentiment que j'éprouvai alors, une sorte de dépit de voir nos publications privées de ce chef-d'œuvre.

Avec la clarté générale qui était le propre de son esprit, Broca élucide dans un premier mémoire la question de l'espèce, le monogénisme et le polygénisme; dans un second mémoire, sur l'hybridité animale, il établit les conditions de l'homœgénésie, c'est-à-dire de l'aptitude à féconder qui résulte de la similitude dans les fonctions de la reproduction; il définit l'hybridité unilatérale et l'hybridité bilatérale, et il distingue les hybrides de genre des hybrides d'espèce, et au point de vue des résultats, il établit quatre degrés : l'hybridité agénésique, la dysgénésique, la paragénésique et l'eugénésique. Ces néologismes disent beaucoup. Ne vous semble-t-il pas, messieurs, que la clarté est déjà faite dans cette obscure question ? Négligeant l'agénésie et la dysgénésie, l'auteur se demande jusqu'à quel point les hybrides paragénésiques, c'est-à-dire ceux dont les métis de premier sang, possèdent une fécondité partielle et ceux des métis de second sang qui sont féconds avec ceux de premier sang ou avec l'espèce pure la plus voisine — ont pu modifier les espèces d'une manière durable, et il conclut que rien jusqu'ici ne permet d'admettre que la fusion apparente de deux espèces en une seule ait pu aller jusqu'à rendre difficile la recherche des types primitifs. « Mais ici, dit-il, s'arrête l'action de l'hybridité paragénésique comme celle de l'hybridité eugénésique, et il est parfaitement certain que si deux ou plusieurs espèces sont capables de se croiser et de se recroiser à tous les degrés, si tous leurs métis sont également et uniformément féconds dans toutes les directions, elles pourront se mêler en toute proportion, produire des races très nombreuses, très diverses, des sous-races plus nombreuses encore, des variétés presque infinies et finalement se fusionner. En face de ces conséquences « subversives », les partisans de la permanence des espèces n'ont plus d'autres ressources que de nier résolument la possibilité de l'hybridité eugénésique. C'est ce qu'ils font tous les jours avec une persévérance digne d'une meilleure cause, et le moment est venu de mettre leurs dénégations aux prises avec les faits. »

L'hybridité eugénésique et ses résultats forment le sujet du chapitre suivant : les métis du bouc et de la brebis (*Chabins*), du bélier et de la chèvre, du chien et de la louve, du chameau de la Bactriane et de l'Arabie, du dromadaire et des chameaux, celles si nombreuses de la classe des oiseaux sont successivement passées en revue, revue des plus pittoresques, et finalement le léporide, cause inconsciente de tous ces beaux travaux, est sévèrement interrogé sur ses origines, son présent et son avenir, dont M. Broca se porte garant ; cet intéressant animal, dont les Prussiens ont fait, paraît-il, une effroyable consommation, au point de compromettre l'existence même de leur race, ce dont triomphaient trop aisément ses ennemis, a reparu en 1873 devant la Société, grâce à un véritable philanthrope, M. Gayot, qui nous assure que, par ses soins et malgré les Germains, les léporides étaient de nouveau parvenus sans mélange à leur dixième génération. Il semble donc que, malgré le très mince avantage qu'ont les agronomes à produire cette race, il suffit de peu de soins pour la maintenir.

Les *Phénomènes d'hybridité dans le genre humain* forment la troisième partie du travail dont je cherche à donner ici une idée sommaire. Mais, je l'avoue, c'est à contre-cœur que je continue cette froide analyse. Il y a vingt-cinq ans que j'ai lu pour la première fois ces pages admirables, et je m'y suis souvent reporté, aujourd'hui même, toujours avec la même admiration. Jamais l'ethnologie n'avait été traitée avec cette clarté de langage, cette précision dans les termes, cette sûreté dans l'érudition ! Et quelle ne fut pas ma joie, pardonnez-moi ce souvenir personnel, lorsque, désigné par les fondateurs de l'École d'anthropologie pour y tenir la chaire d'ethnologie, je fus invité par le maître lui-même à une conférence dans laquelle il voulait me rappeler son mémoire, les faits sur lesquels il repose, les définitions qu'il comporte, les conclusions qu'il entraîne (lettre du 5 novembre 1874). J'y suis resté fidèle non par sentiment, par conviction. Rien ne m'autorise à penser que, même en présence des questions nouvelles que la fondation de notre Société avait soulevées, celles que traite le mémoire sur l'hybridité, pour cesser d'être en quelque sorte uniques, aient perdu de leur importance fondamentale. Elles n'ont perdu que leur intérêt de polémique, que le véritable savant devrait pouvoir toujours écarter.

Pour Broca, les races humaines sont extrêmement nombreuses; mais il existe entre elles des affinités tout aussi nombreuses, et il est possible de les répartir en un certain nombre de groupes naturels ; l'ensemble des caractères communs à chaque groupe constitue le type de chaque groupe, et il reconnaît cinq types ethniques, dont l'un est composé des races *caucasiques;* l'autre des races *mongoliques;* le troisième des races *éthiopiques;* les races *américaines* et les races *malayo-polynésiennes* forment les deux derniers groupes. « Certes, il ne faut pas croire, dit Broca, que toutes les races humaines viennent se ranger avec une égale facilité dans l'une ou l'autre de ces divisions, qu'on jugera peut-être utile de multiplier plus tard. Il ne faut pas croire non plus que les traits caractéristiques d'un groupe soient également prononcés chez toutes les races qui en dépendent, ni même qu'ils soient tous réunis, sans exception, dans chacune de ces races, ni, enfin, qu'il y ait nécessairement, au centre de chaque groupe, une race type chez qui tous les caractères de ce groupe soient réunis au maximum. Il en serait sans doute ainsi si toutes les races connues descendaient de cinq souches primitives, comme l'admettent plusieurs polygénistes, ou si, comme le pensent plusieurs monogénistes, l'humanité, une dans l'origine, s'était divisée en cinq tiges principales, d'où seraient sorties plus tard, comme autant de rameaux accessoires, les nombreuses subdivisions qui constituent les races secondaires. Mais aucune race ne peut avoir la prétention de personnifier en elle le type auquel elle appartient. Ce type est fictif, la description qu'on en donne est idéale comme les formes de l'Apollon du Belvédère... La description des principaux types n'est donc qu'un procédé méthodique, mais non rigoureux, destiné à faciliter, par la formation d'un certain nombre de groupes, la comparaison des races humaines et à simplifier, à abréger les descriptions partielles de chacune d'elles. Cette division a, en outre, l'avantage de constater, pour la plupart des races, leur degré d'affinité ou de divergence relative ; elle s'accorde même, jusqu'à un certain point, avec leur répartition primitive à la surface du globe. » J'ai tenu à citer ces passages afin de montrer que la *méthode* de Broca en ethnologie n'a point varié, et rien, dans ses écrits ultérieurs, ne laisse prise à la moindre contradiction.

Quelles sont, maintenant, les conclusions du chapitre de l'hybridité humaine ? Les voici textuellement : « Après avoir rendu, sinon tout à fait certain, du moins extrêmement probable que certains croisements humains sont eugénésiques, nous avons dû nous demander si tous les croisements humains étaient dans le même cas. Or il résulte des documents que nous avons pu rassembler que *certains* croisements humains paraissent donner des résultats notablement inférieurs à ceux qui constituent, chez les animaux, l'hybridité eugénésique. L'ensemble des faits connus permet de considérer comme très probable que certaines races humaines, prises deux à deux, sont moins homœgénésiques que ne le sont, par exemple, l'espèce du chien et celle du loup. Si nous croyons devoir faire quelques réserves, si nous laissons planer quelque doute sur cette conclusion, c'est parce qu'on ne saurait admettre, sans de nombreuses vérifications, un fait qui démontrerait définitivement et sans retour la pluralité des espèces humaines, un fait en présence duquel tous les autres s'effaceraient et qui rendrait toute autre discussion superflue; un fait, enfin, dont les conséquences politiques et sociales pourraient être fort graves. » (*Mémoires d'anthropologie*, t. III, p. 561.)

C'est sur ce document capital que fut fondée notre Société. On va voir que son fondateur était prêt sur toutes les questions du programme passé et qu'il pressentait le programme futur. Mais comment avait-il été amené à des études qui supposent une longue préparation? Dès 1848, une commission, nommée par la ville de Paris, avait chargé le jeune prosecteur de faire un rapport sur les ossements découverts dans l'ancien cimetière des Célestins, et ce travail, qui parut en 1850 et qui fut réimprimé par son auteur dans la collection de ses *Mémoires* (t. Ier), peut être considéré comme un acheminement vers la craniologie; car, quoi qu'on en ait dit, rien n'y fait pressentir autre chose qu'une remarquable étude de médecine légale, appliquée à la détermination de l'âge et du sexe d'ossements modifiés par le temps et les milieux. C'est dans les leçons de Bérard et surtout dans l'intime et longue fréquentation du professeur Gerdy, tous deux ethnologistes, tous deux polygénistes, qu'il faut chercher le concours d'influences qui, de ce chirurgien déjà renommé, firent un anthropologiste.

J'ai sous les yeux la partie ethnologique du *Traité de physiologie* de Gerdy. Elle en a été détachée; brochée peut-être par Broca lui-même, elle porte, écrit de sa main, en suscription : « Offert à la Société d'anthropologie, P. Broca ; Gerdy, *Du genre humain*, extrait de sa Physiologie médicale. » Ce chapitre, de près de 200 pages, texte compact, débute par une solide critique de la notion d'espèce telle que l'entendait Cuvier; Gerdy assimile les métis aux hybrides ; il reconnaît dans le *genre* humain des espèces primitives, qu'il est actuellement impossible de déterminer avec rigueur, et il entreprend, avec une érudition tout à fait singulière, l'histoire des mélanges des peuples européens et de la succession des invasions ethniques en Europe, puis, avec moins de développements, dans les autres parties du monde.

Le genre humain est divisé en quatre sous-genres, qui, faute d'espèces nettement déterminées, ne comprennent que des variétés. L'étude des influences du croisement et des milieux, l'historique des tentatives de classification terminent ce remarqable écrit.

L'*Eloge* de Gerdy porte la marque d'une grande intimité entre le savant et son panégyriste ; il est permis de penser que l'ethnologie fut souvent l'objet de leurs entretiens. Quoique, par sa robuste santé et par ses incessants succès, Broca différât de son maître, de singulières analogies se révèlent dans leur carrière, et en relisant ces pages sévères, tracées au burin, je me suis souvent demandé s'il n'avait pas voulu graver son propre idéal. . . . .

Vous me pardonnerez, messieurs, de m'être appesanti sur ces origines; j'ai tenté d'expliquer comment il se faisait qu'au jour même où notre société tint sa première séance, le 21 juillet 1859, dans l'édifice même où nous sommes réunis, celui qui prit le poste de secrétaire, de secrétaire unique, était prêt sur toutes les questions que soulevait son vaste programme. L'histoire de notre première organisation a été trop souvent faite, et de main de père, par Broca lui-même, pour que je tente de la recommencer ici ; Broca aimait à rappeler les difficultés du début, les refus de l'administration supérieure et la simple tolérance qui lui fut accordée, nulle loi n'interdisant les réunions de moins de vingt personnes ; de là ce chiffre de dix-neuf fondateurs; il aimait citer les noms de ces audacieux qui avaient été l'objet d'une enquête minutieuse ; il répétait volontiers la plaisante aventure de cet agent de police qui nous fut imposé pendant six années et qui, saturé de grande science, voulait parfois prendre congé et demandait consciencieusement qu'on lui assurât qu'il n'y aurait rien « d'intéressant ». « Restez, lui dit-il un jour; allez vous asseoir ! gagnez votre argent ! »

A ces dix-neuf fondateurs — quelques-uns, soit dit en passant, n'ont jamais fait qu'un acte de présence — fut attribué le titre de membres *titulaires*, et leur nombre devait être porté à trente; les autres membres, en nombre illimité, étaient « associés nationaux ». Malgré ces oligarchiques restrictions, que l'on eut quelque peine à supprimer, le nombre des membres de la Société augmenta rapidement : Giraldès, anatomiste érudit et disert ; Baillarger, qui venait de mettre au jour de profondes recherches sur l'anatomie du cerveau ; Pucheran le naturaliste ; Verneuil, Ulysse Trélat, qui n'étaient qu'à l'aurore de leur légitime célébrité; le docteur Périer, digne gendre de Larrey, et, un peu plus tard, M. de Quatrefages, dont le noble caractère ne prit aucun ombrage d'un oubli momentané, venaient se joindre aux Béclard, aux Gratiolet, aux Delasiauve, aux Dareste, aux Bertillon, qui marquaient, par leur assiduité aux séances de la Société, l'intérêt qu'ils portaient à ses travaux. Mais les progrès de la Société furent lents, puisqu'à la fin de sa troisième année (1861) elle ne comptait guère plus de quatre-vingt-dix membres payant cotisation, dont vingt résidaient en province. Nous sommes aujourd'hui cinq cents. Il est vrai que, sur la liste de ces simples associés nationaux, on lisait des noms déjà célèbres : Bouley, Paul Bert, Liégeois, Luys, Auburtin, Martin de Moussy, les professeurs Trousseau et Robin, etc. En 1862, la Société ne s'accrut que de douze membres effectifs, et elle ne prit un véritable essor que lorsque, en 1863, elle abolit cette distinction archaïque, inopportune, entre les titulaires et les associés, dont le moindre inconvénient était de donner une sorte de prééminence, souvent difficile à justifier, à des membres dont les titres et les services ne différaient pas sensiblement. Le Comité central qui succéda aux premiers membres titulaires n'eut d'autres attributs que des attributs administratifs. Ce fut naturellement Broca qui, le 7 juillet 1859, inaugura les travaux de la Société. Il le fit par une lecture sur l'*Ethnologie de la France* qui occupa presque entièrement les deux premières séances. Depuis la mémorable Lettre de William Edwards *sur les caractères physiologiques des races humaines, considérées sous leurs rapports avec l'histoire*, qui datait d'une trentaine d'années, cette intéressante question n'avait été traitée que dans des mémoires partiels. Broca la reprend dans son ensemble, fouille mieux que ses prédécesseurs la question des origines et des mélanges, définit nettement les Celtes, les Kymris et les Aquitains, leur assigne des cantonnements historiques et montre l'influence successive des invasions romaines, germaniques, gothiques et normandes; pour la première fois peut-être, il se sert de la méthode graphique pour établir, à l'aide de la carte diversement ombrée des départements français, que l'influence persistante de la taille, établie par la conscription et les conseils de revision, permettait jusqu'aujourd'hui la confirmation des données qui résultent de l'observation et de l'histoire.

Ce beau travail devait être complété plus tard par plusieurs mémoires sur l'*Ethnologie de la basse Bretagne* (*Bulletins*, 1864, *Mémoires*, t. III), sur les *Celtes* (*Bulletins*, 1864, et sur l'*Origine des races de l'Europe* (*Bulletins*, 1864). Enfin — je ne puis tout citer ici — la monographie que publia, en 1873, la *Revue d'anthropologie* sous le titre *la Race celtique ancienne et moderne*, Arvernes et Armoricains, Auvergnats et bas Bretons, a magistralement résumé la question. Qu'il me soit permis de dire ici que ces études ont trouvé dans M. Lagneau un digne continuateur, et ce n'est pas un des moindres titres de Broca à notre reconnaissance que d'avoir su inspirer ce monument d'érudition, l'*Anthropologie de la France*, que notre collègue a publié en 1879 dans le *Dictionnaire encyclopédique des sciences médicales*. L'ethnologie s'enrichit encore sous la plume de Broca d'une monographie remarquable sur les Abyssins et de plusieurs notices sur les Mincopies, sur les Akkas, sur les Américains indigènes, etc. Ces notes font regretter que Broca, plus préoccupé des grandes méthodes d'investigation qu'il a fondées ou revivifiées que de l'ethnologie descriptive, ne nous ait point laissé d'une des grandes races humaines un tableau dont son style vigoureux eût fait un chef-d'œuvre. De ce genre cependant relèvent ses meilleures conférences sur les *Troglodytes de la Vézère* et sur les *races fossiles de l'Europe occidentale* qu'il fit à Bordeaux (1872) et au Havre (1876), devant un public enthousiaste. Ce n'est pas non plus une petite gloire pour notre Société que d'avoir posé ces questions devant elle dès 1859, par la voix si autorisée d'Isidore Geoffroy, de MM. de Quatrefages et Pouchet, et d'avoir préparé le triomphe de Boué et de Boucher de Perthes, qui depuis vingt ans accumulaient des preuves de l'existence de races humaines contemporaines des races animales d'une autre époque géologique et de leurs primitives industries, études que, de notre temps, MM. de Mortillet, Prunières, Chantre ont poussées si loin. L'apport de Broca dans l'étude des questions préhistoriques est énorme, et il n'est guère d'années où il n'ait fourni quelque mémoire de premier ordre sur les caractères anatomiques de l'homme préhistorique, soit qu'il ait étudié la perforation de la fossette olécranienne, les sépultures de Chamant, du Mont-Maigre, d'Orrouy, les mâchoires de Moulin-Quignon, de Naulette, les ossements des cavernes du sud de la France et de Gibraltar, les trépanations du crâne dont lui et le regrettable Lartet et M. Prunières ont tiré un si merveilleux parti pour la reconstitution des croyances de ces temps reculés et pour l'histoire même de la médecine.

J'ai empiété sur la chronologie dans l'ordre des travaux de notre maître. Il conviendrait peut-être, si je voulais faire ici l'histoire de tous les écrits, de suivre jour par jour les volumes de nos *Bulletins*. L'histoire de Broca est intimement mêlée à celle de cette compagnie, parfois elles se confondent. Mais le temps et l'espace me manqueraient sûrement, et je me vois forcé d'aller presque au hasard, ne pouvant tout dire et tout analyser.

Cependant, dès le début de ses grandes études, Broca fut frappé du défaut de précision des données craniologiques dont l'influence était alors dominante et devint même un peu trop exclusive en anthropologie. L'examen d'un crâne était cependant fort sommaire ; on en prenait une vue générale, on relevait la largeur et la longueur sur des points indéterminés, on le classait parmi les longs ou parmi les ronds, on jugeait du volume des parties, on évaluait le prognathisme, et, avec le temps, le coup d'œil, l'expérience, on devenait craniologiste. Il y avait très peu de craniologistes en Europe, un ou deux par nation savante ; aussi jouissaient-ils d'une renommée spéciale, presque mystérieuse, et d'une grande autorité. Broca résolut de soumettre à une analyse rigoureuse tous les éléments mensurables du crâne ; il détermina avec sûreté tous les points de repère de ces mensurations ; il créa une nomenclature ingénieuse et universellement adoptée pour désigner ces points singuliers, une méthode pour évaluer d'un seul chiffre le rapport de deux grandeurs, la méthode des indices, et pour réaliser cette formidable entreprise, il inventa tout un arsenal dont les pièces nous furent présentées de mois en mois, d'année en année jusqu'à la veille même de sa mort. Compas, équerres, craniophores, stéréographes, endographes, endomètres, goniomètres, crochets, craniomètres, anthropomètres, céphalographes, craniographes, stéréomètres, instruments de jaugeage et de cubage, tropomètres, cyclomètres, que sais-je encore ? Il fallait tout créer dans une science où il n'existait guère qu'un seul instrument de précision que Broca remit en lumière, le céphalomètre, de notre regretté collègue Anthelme. Les instruments inventés ne furent présentés, en général, qu'après avoir été appliqués à la détermination des crânes, qui subirent tous, avant d'être classés, une trentaine de mesures. Cette opération fut exécutée sur des milliers de crânes, et c'est à l'aide de ces calculs d'astronome que Broca parvint à constituer cette science craniologique qui, malgré ses énormes travaux, n'a pas encore donné tous les fruits qu'on en espérait. « La craniologie, a dit Broca, n'est rien ou presque rien par elle-même ; elle ne peut avoir la prétention de voler de ses propres ailes dans l'état actuel de ses connaissances, et de substituer ses diagnostics aux notions fournies par l'ethnologie et par l'archéologie. Son rôle, pour être plus modeste, n'en est pas moins utile, et son utilité se manifeste surtout lorsqu'elle est appelée à déterminer les caractères physiques d'anciennes populations dont l'histoire est oubliée et dont l'archéologie préhistorique a seule pu révéler l'existence. » (*Les Crânes de Solutré*, Association française, session de Lyon, 1873) Cela est vrai, sans doute, mais sans la craniologie il faudrait à tout jamais renoncer à soulever le voile épais qui cache les origines ethniques et qui attribue à chacun dans le passé les responsabilités et les gloires. L'ethnologie est devenue l'indispensable préface de l'histoire, et, sous ce rapport, la science, chaque jour, avance à grands pas. Ceux des historiens contemporains qui ne s'appuient que sur la linguistique, l'épigraphie ou la légende ont vieilli d'un demi-siècle. Dans sa belle étude sur *les Ombres et les Étrusques* (*Revue d'anthropologie*, 1874), Broca a montré, en s'appuyant sur les travaux craniologiques de Conestabile, de Gozzadini, de Nicolucci et de C. Vogt, et surtout de Calori, a tracé la méthode, prenant, selon son habitude, les questions une à une, mais les associant toujours à l'ensemble des documents qui les éclairent, au lieu de les laisser dans un stérile isolement. L'opinion de Broca sur la craniologie, isolée de son côté, est restée ce qu'elle était. J'ai déjà eu l'occasion de dire que rarement, si jamais, Broca avait changé d'opinion, et que très probablement il n'en eût jamais changé, car il ne s'engageait jamais à fond que sur des points scientifiques irrévocablement acquis plus tard. J'apporte ici sur ce point mon témoignage: quand, surchargé de travail, il me pria de rédiger à sa place l'article *Craniologie* du Dictionnaire encyclopédique et que je lui demandai son jugement final, ce fut lui qui me désigna ce passage de ses écrits.

Même réduite à ce rôle encore grand, la craniologie est une des sciences les plus précises parmi les sciences d'observation. La méthode des indices, généralisée par le maître, permet de placer les crânes dans des cadres qui concordent avec d'autres caractères et aider à constituer des groupes naturels. L'indice céphalique, qui représente le rapport des deux diamètres principaux du crâne en fractions centésimales, avait servi à établir le célèbre, mais factice classement de Retzius, les dolichocéphales et les brachycéphales. Broca établit cinq groupes là où il n'y en avait que deux, ce qui permit une analyse plus rigoureuse. Mais à l'indice céphalique Broca ajouta plusieurs autres rapports numériques, parmi lesquels l'indice orbitaire et l'indice nasal fournirent des données non moins importantes que l'indice céphalique. On conçoit d'ailleurs que le rapport entre deux grandeurs exprimant une *forme* peut être multiplié indéfiniment, de sorte que tout crâne peut donner lieu de ce chef à une étude spéciale. Mais je m'arrête ici, n'apprenant rien à mes collègues, trop peu à ceux qui n'ont qu'une vague notion de ces données.

Ces travaux pratiques, qui n'avaient à l'origine d'autre théâtre que l'appartement même de Broca, lequel s'était peu à peu rempli d'ossements, de bocaux, de pièces anatomiques et d'outils aux formes étranges, devaient bientôt se développer. En 1868, la mort de M. le professeur Jarjavay permit à la Faculté d'attribuer à M. Broca deux salles dans ses bâtiments. Là fut institué, le 5 novembre, le premier laboratoire d'anthropologie.

M. Hamy, votre digne président d'aujourd'hui, qui déjà depuis plusieurs années était préparateur particulier de M. Broca, associé à toutes ses recherches, fut nommé officiellement préparateur appointé, et je me rappelle encore la joyeuse inauguration de ce laboratoire, noyau de l'Institut anthropologique, qui eut lieu un dimanche dans une salle voisine, où fut servi par le restaurateur d'en face un modeste déjeuner sur une table que côtoyaient d'autres tables couvertes de mets préhistoriques peu appétissants. On se serait cru chez les anthropophages. Nous étions là cinq ou six, MM. Sauvage, Lugol, Jullien Courtois, jeune anatomiste de grand avenir, que la mort allait bientôt nous ravir, inaugurant à grand renfort des toasts que nous permettait l'excellente cave de Sainte-Foy, et je crois bien me souvenir que notre savant collègue Mme Royer nous fit visite vers la fin de « l'inauguration ». Elle seule ne portait pas de tablier blanc, quelque droit qu'elle y pût avoir.

Le tablier blanc, immaculé ou non, était l'uniforme préféré de Broca. Il symbolise le laboratoire, la recherche matérielle, le refrènement des spéculations idéalistes. Ceux qu'il n'avait pas vus revêtus de ce symbole entraient difficilement dans son intimité. Mais de quelle bonté, de quel secours, de quel charme n'était-il pas pour qui l'aidait dans ses patientes recherches. Chaque année, ceux qui, à un degré quelconque, avaient collaboré à l'œuvre commune, le bureau de la Société tout entier, le laboratoire et le secrétaire particulier Guillard, qui l'assista jusqu'à la guerre, où une mort glorieuse lui était réservée, et, plus tard, M. Drouault, les professeurs de l'Ecole dînaient à la table du secrétaire général, avec sa famille. Le hasard a fait que, pendant vingt ans, j'ai toujours fait partie des invités, de droit, pour ainsi dire : je n'ai pas dans ma carrière de souvenir plus heureux. La bienveillance de Mme Broca, la joie rayonnante de notre maître, sa cordialité, son entrain, sa large hospitalité, tout faisait de ces repas de véritables fêtes où se cimentaient bien des amitiés, où s'aplanissaient bien des difficultés, où se dissipaient bien des malentendus.

Si je me suis permis de rappeler ces souvenirs personnels, c'est pour montrer que la direction de la Société, l'organisation dù personnel et ces fondations successives demandaient pour réussir un art consommé ; sans se mêler jamais des questions qui, dans des assemblées de tous genres, apportent souvent, de la façon la plus inattendue, des germes dissolvants, Broca préparait les circonstances où les difficultés devaient spontanément se résoudre, et il y parvenait presque toujours.

Entre temps, les travaux de la Société prenaient une activité remarquable. L'année 1861 s'était ouverte par une courte communication de Gratiolet, qui, en présentant le moule interne du crâne d'un Mexicain totonaque, fit remarquer, comparativement à un crâne européen, que chez le premier les circonvolutions étaient saillantes, onduleuses, parfaitement distinctes, séparées par des sillons tortueux, tandis que chez l'Européen les empreintes étaient presque nulles. Ce caractère semblait donc un signe de supériorité. Le volume considérable du cerveau totonaque n'avait non plus, aux yeux de Gratiolet, aucune signification ; c'est la forme et non le volume, déclarait-il en terminant, qui fait la valeur, la dignité du cerveau.

L'un de nos plus anciens collègues, M. Auburtin, le premier, releva ces opinions, et il amena Gratiolet à reconnaître, toutefois, pour un cerveau intelligent une limite *minima* de 900 grammes : « Mais quand je vois, ajoutait ce dernier, le poids du cerveau varier de 1 200 à 1 900 grammes chez des hommes éminents et presque égaux en intelligence, je suis bien autorisé à dire que le poids du cerveau est de peu d'importance. » Cette escarmouche devait avoir pour suite un de ces nobles débats qui occupa presque toute l'année et devint l'origine des immenses travaux que Broca poursuivit jusque dans l'année même de sa mort, où il présenta à cette tribune une note sur les localisations cérébrales à propos du cerveau d'un cul-de-jatte (20 mai 1880).

Le mémoire de 1861 sur la forme et le volume du cerveau suivant les individus et suivant les races porta d'emblée la discussion à une hauteur remarquable, mais elle fut conduite avec une certaine rudesse. Broca était, par excellence, l'homme des concours, et les concours étaient à peine sortis de cette période où les illustrations du monde médical se traitaient d'assassins, de scélérats, de coupe-en-deux, entraînant les élèves et les disciples à leur suite; où l'on se racontait de plaisantes anecdotes, telles que celle de cet interne qui demandait à un célèbre opérateur quelle était la partie de l'opéré qu'il fallait reporter dans son lit. On n'en était plus là, mais on se portait de rudes coups sans songer aux meurtrissures ; il en était resté à ce lauréat de vingt concours, à ce journaliste redouté, des habitudes de polémique, une vivacité d'allures dont il ne se départit que fort tard. Comme au gladiateur romain, il ne lui suffisait pas d'avoir renversé son adversaire, il lui mettait parfois le pied sur la gorge, mais sans jamais appuyer. Gratiolet ayant quelque peu plaisanté les anatomistes qui classaient les intelligences par kilogramme et par hectogramme de cervelle, Broca y vit une allusion personnelle et protesta en relisant ce passage de son discours qui mériterait d'être plus souvent relu de nos jours : « Il ne peut venir à la pensée d'un homme éclairé de mesurer l'intelligence en mesurant l'encéphale » (1861, p. 148) ; et apostrophant son collègue si affectionné : « Vous avez donc enfoncé une porte ouverte ! » Il alla même jusqu'à l'appeler *spirituel*, ce qui, à ses yeux, était une sorte d'offense presque aussi grave que l'épithète de *littérateur*, qu'il n'employait que dans les cas extrêmes. Le doux Gratiolet, sensible à l'injure, déclara « que c'était bien à son insu qu'il avait enfoncé les portes ouvertes, mais, ajoutait-il, ce petit mécompte n'est rien au prix du bonheur que j'éprouve de me trouver, d'une manière si peu attendue, complètement d'accord avec M. Broca » (p. 422).

Gratiolet ! Puisque j'ai prononcé ici ce nom qui nous est cher, qu'il me soit permis de vous rappeler sa mémoire. Je ne quitterai pas Broca pour cela, car à ce chef-d'œuvre que j'ai déjà cité, l'*Éloge de Gerdy,* il dut joindre un jour l'*Éloge de Gratiolet,* son ami, son compatriote, bien autrement grand, bien autrement sympathique que Gerdy, mais victime comme lui de l'injustice des hommes, et qu'une mort prématurée devait arracher à une chaire qu'il venait à peine de conquérir après vingt années de travaux qui illustraient notre patrie, tandis qu'il végétait avec sa famille dans une préoccupation quotidienne de la vie matérielle qui ne pouvait cependant lui faire oublier de plus dignes soucis. Qu'un jour, en face l'un de l'autre, nous voyions dans cette enceinte les bustes de ces deux enfants de Sainte-Foy qui, à travers des destinées diverses, ont eu à un égal degré l'amour de la science, la noblesse du caractère, l'élévation de l'âme!

Vous n'attendez pas de moi, messieurs, que je trace ici le tableau des recherches de Broca, qui ont été reprises par M. Manouvrier, sur la morphologie du cerveau; je vous ai indiqué les deux anneaux éloignés d'une chaîne ininterrompue. Il me suffira de dire que les dernières années de sa vie ont été marquées par des études d'anatomie comparative qui ont porté presque exclusivement sur la localisation cérébrale; à coup sûr, la circonvolution de *Broca*, siège habituel de l'aptitude au langage, a fait quelque bruit dans le monde et perpétuera le nom du pathologiste. Mais l'anatomiste n'aura rien à lui envier. Notre savant collègue M. Pozzi, dont j'ai déjà cité la notice biographique, me permettra de m'abriter ici sous son jugement si compétent. « Broca, dit-il, se proposait de faire pour le cerveau ce qu'il avait accompli pour le crâne, et nul doute qu'il n'eût mené à bien cette grande entreprise. Déjà, en 1876, par son Mémoire sur la topographie cranio-cérébrale, il avait fixé les rapports qui existent entre les scissures de l'écorce nerveuse et les sutures ou les points singuliers de la calotte crânienne. L'année suivante, l'étude du cerveau du gorille donnait une vive impulsion à ses recherches en lui fournissant des faits nouveaux et précieux. Dès lors se succédaient rapidement le mémoire *Sur le grand lobe limbique* et la *Scissure limbique* dans la série des mammifères; puis les *Recherches sur les centres olfactifs*, et enfin le *Traité sur la nomenclature cérébrale*, admirable monument digne de servir de pendant au célèbre mémoire de Gratiolet *Sur les plis cérébraux de l'homme et des primates*. Enfin, quand la mort est venue le surprendre, Broca travaillait à un ouvrage complet sur la morphologie du cerveau qui devait résumer magistralement le résultat de ses études. Quoique inachevé, le précieux manuscrit ne sera pas perdu pour la science; des mains pieuses ont réuni ses feuilles éparses et le publieront après avoir essayé de le compléter avec les notes recueillies à son cours. » (*Revue d'anthropologie*, 1880.)

Ces travaux de laboratoire n'empêchaient pas notre fécond secrétaire général d'occuper la Société de questions plus générales. Dès 1862, à la suite d'une communication de Chavée sur les différences radicales des langues aryaques et sémitiques, une discussion s'éleva à laquelle prirent part Pruner-Bey, Halleguen et M. Renan, ce qui nous valut à la séance suivante un mémoire sur *la Linguistique et l'Anthropologie*, où les prétentions de la linguistique furent contenues dans de sages limites. Il n'y a rien eu à reprendre à ce travail, où les rôles respectifs des deux sciences sont devenus pour ainsi dire la loi des parties. En 1865, la Société s'est préoccupée un peu plus peut-être qu'il ne convenait de ce terme de *règne* appliqué au genre humain par quelques-uns de nos collègues, et cette discussion nous valut une merveilleuse et fine étude sur *l'Intelligence des animaux et le Règne humain*, où rien n'avait échappé à l'érudition de notre collègue.

En 1868, un des membres de cette Société qui venait de traduire le célèbre écrit d'Huxley sur la *Place de l'homme dans la nature*, fit suivre cette présentation, après une sorte de provocation de Pruner-Bey, de la lecture d'un mémoire Sur *l'Ordre des primates et le Transformisme*. Il inventa même, à cette occasion, ce néologisme devenu célèbre. Broca trouva qu'il y avait là quelque confusion et qu'il eût mieux valu traiter d'abord la question zoologique pure et simple et se borner à montrer, selon la promesse de l'auteur, que l'homme devait être rangé parmi les primates, puisqu'il y avait, selon lui, moins de différences entre certains hommes et certains singes qu'il n'y en a parmi les singes comparés entre eux, quitte à reprendre pour une seconde discussion la question du transformisme, ou, comme on disait alors, du *darwinisme*. Mais, en face d'une doctrine qui commençait à émouvoir l'opinion publique, si difficile à agiter dans notre paisible pays, où un petit nombre de personnes se chargent de penser pour tout le monde, ce ne fut point la zoologie qui eut le prestige, ce fut le transformisme que l'on discuta, peut-être prématurément. Broca ramena la Société à la logique, et, dans deux mémoires séparés par une année d'intervalle, il traita successivement de l'*ordre des primates* et du *transformisme*. Le premier de ces mémoires, admirable parallèle anatomique des hommes et des singes, où rien n'est négligé, où nombre de faits nouveaux sont pour la première fois exposés, et notamment l'étude comparative de la conformation et du mécanisme du rachis et les anomalies musculaires réversives, est considéré comme un chef-d'œuvre. Il conclut à la distribution des primates en cinq familles qui répondent à peu près à la division de Huxley en sept familles. Les cinq familles de Broca sont les hominiens, les anthropoïdes, les pithéciens, les cébiens et les lémuriens. Celles de Huxley sont les anthroponiens, les catarrhins, les platyrrhins, les arctopithèques, les lémuriens, les cheiromiens et les galéopithèques, qui établissent la transition aux rongeurs et aux chauves-souris.

C'est surtout dans l'étude comparative du cerveau de l'homme et des autres primates que Broca s'est montré grand anatomiste. Là, il reprend ses thèses d'autrefois, tout opposées à celles que lui prête à tort l'opinion de quelques personnes mal renseignées, et qu'il avait déjà eu l'occasion de réfuter : « Ce qui, pour l'anatomiste, caractérise les organes, dit-il, ce n'est pas leur volume ou leur puissance, c'est leur structure... », et il part de là pour montrer les analogies des cerveaux de tous les primates, encore que le plus petit cerveau de femme l'emporte dans la proportion de

3 à 2 sur celui des plus grands anthropoïdes, en prenant des chiffres extrêmes.

Le mémoire sur le transformisme s'élève à une très grande hauteur. Après un rapide historique où, avec sa clarté et sa méthode habituelles, l'écrivain rend justice à tous, et où il expose le darwinisme de façon à le faire comprendre aux esprits les moins bien doués, il montre qu'il ne représente qu'une variété imparfaite du transformisme qui semble vouloir s'imposer à l'esprit humain, par cela même que la permanence des espèces paraît presque impossible et qu'elle est en opposition avec le mode de succession et de répartition des espèces dans la série des êtres actuels et passés. « Il est donc très probable, ajoute-t-il, que les espèces sont variables et sujettes à l'évolution. »

On voit les réserves. Elles se dessinent plus clairement encore dans les lignes qui suivent, où se montre cette sorte de scepticisme motivé grâce auquel l'esprit humain échappe au doctrinarisme ambitieux, au sectarisme étroit : « Mais les causes, les agents de cette évolution sont encore inconnus. Toutes les théories qui ont été tentées jusqu'ici sont insuffisantes. La grande synthèse de la nature n'est pas encore réalisée, et il ne s'agit pas seulement d'expliquer la série organique. La loi de la distribution sériaire n'est pas uniquement propre aux êtres qui possèdent la vie ; elle se révèle partout dans l'univers. Il y a une série minérale aussi bien qu'une série animale ou végétale ; il y a la série chimique, la série des cristaux, la série des couleurs ; il y a même une série sidérale. Et puisque la série est partout, il est permis de se demander si la série organique, tout en obéissant à des lois propres, n'est pas subordonnée à quelque loi plus générale et plus inconnue encore. C'est le grand problème qui a de tout temps obsédé les métaphysiciens et qui a suggéré la doctrine d'Épicure. Que disaient Épicure et Lucrèce ? Qu'ont dit leurs modernes sectateurs ? Ils ont dit que, dans le cours nécessaire des choses, toutes les combinaisons possibles s'effectuent tôt ou tard au milieu des conditions complexes qui, tantôt les favorisent plus ou moins, tantôt, au contraire, les contrarient ; de sorte que les résultats sont aussi variables que peut l'être, suivant le temps et les lieux, le concours de ces conditions. Et de même qu'entre deux nombres il y a toujours place pour un troisième, on conçoit toujours, entre deux effets produits par des circonstances déterminées, un effet intermédiaire déjà réalisé ou destiné à se réaliser plus tard... Mais tout cela n'est que de la métaphysique, et la science ne doit pas s'égarer dans ces creuses spéculations. Est-ce à dire que la science ne puisse pas elle-même atteindre la hauteur d'une synthèse générale ? Si elle y a échoué jusqu'ici, faut-il désespérer de l'avenir ? Telle n'est point ma pensée »... Trois années plus tard, en 1873, la *Revue d'anthropologie* publia un article qui semble destiné à compléter le mémoire dont nous venons de parler ; il est intitulé *les Sélections*. Rien de plus intéressant que de rechercher et de connaître l'opinion des hommes dont l'esprit a mûri au contact des faits, au sein des controverses, sur les grands problèmes dont les doctrines contemporaines cherchent la solution ; ces trois années n'ont point changé l'opinion du maître ; la sélection naturelle qui donne la survivance aux plus aptes, et la sélection sexuelle où intervient la volonté, fort distincte de la précédente, encore qu'elles soient réelles, lui paraissent fort insuffisantes pour expliquer l'évolution organique : « Je pense de la sélection sexuelle comme de la sélection naturelle, qui toutes deux ont une certaine efficacité et concourent à introduire des modifications dans les organismes ; mais que ni l'une ni l'autre, ni toutes deux à la fois, ne rendent compte de l'ensemble des phénomènes, et qu'à côté de ces deux causes il doit en exister d'autres qui sont encore à découvrir. » (*Mémoires*, t. III, p. 23.) Dans une note additionnelle, Broca envisage les conditions dans lesquelles s'opèrent les sélections sociales, il en constate les côtés déplorables surtout en ce qui concerne la libre sélection sexuelle conjugale, à laquelle nos mœurs opposent d'incessants obstacles, et il aboutit à la solution légale par concours au profit de l'intelligence, mais il néglige de préciser les conditions physiologiques et la méthode, ce qui laisse cette panacée insuffisamment formulée. S'il ne s'agissait que des examens et des concours tels qu'ils sont aujourd'hui en usage, j'ose dire que l'effet en serait probablement désastreux. Les concours mettent en relief certaines qualités personnelles, mais non toutes ; l'âge et les circonstances en font éclore d'inattendues, la pratique en montre d'inespérées que les concours n'eussent jamais relevées. Ils ne sauraient indiquer autre chose qu'une situation mentale souvent provisoire à un moment donné.

Ce ne fut pas un des moindres mérites de Broca que d'avoir élargi le domaine de la culture scientifique ; un des premiers, le premier peut-être, parmi les savants en place qui ont quelques chances d'arriver à l'Institut, il osa s'adresser à ce que l'on appelait autrefois le « vulgaire ». Il ne recherchait pas la publicité, il recherchait le public. Il pensait que le jour où l'on a intéressé un ignorant aux sciences on a beaucoup fait pour en répandre le goût dans les masses, et que ce goût-là était le meilleur ciment social. Il avait peut-être remarqué d'ailleurs que c'étaient surtout les « gens du monde » qui admiraient les savants et qui propageaient leurs vues, ceux-ci réservant pour eux-mêmes toutes leurs forces vives. Cela déplut à beaucoup, parmi ceux qui prétendent ne parler ou n'écrire que pour dix personnes au monde, mais après s'être lamenté, on finit par l'imiter, et maintenant le savant reçoit avec un sourire aimable l'organisateur de la conférence, voire le reporter.

De bonne heure, Broca sentit la nécessité de rédiger des instructions pour guider les voyageurs et les explorateurs dans leurs recherches, les savants dans leurs études. Sous son inspiration et presque toujours avec sa participation, furent rédigées les Instructions pour le littoral de la mer Rouge, pour l'Algérie, pour le Canada, le Chili, le Sénégal, la Sicile, le Soudan, le Japon, le Thibet, Madagascar, l'Annam, la Guyane, et bien d'autres contrées ; instructions auxquelles répondirent plusieurs voyageurs, M. Gillebert d'Hercourt et cette glorieuse pléiade de médecins de la marine, MM. Harmand, Mondière, Crevaux, Maurel, Morice, Neis, Hyades, etc., et plusieurs éminents diplomates, MM. Tissot, de Borely et Simon entre autres.

Messieurs, j'ai tenté de donner quelque idée des travaux du maître, mais je crains d'avoir été téméraire, et je n'ose poursuivre. Tant de mémoires sur des sujets si divers, tant de recherches originales nous montrent l'ampleur encyclopédique de son esprit et mériteraient à cette place un autre Broca. Je n'ai rien dit encore des actes, des faits, des créations. Après le petit laboratoire de 1868, où se succédèrent MM. Hamy, Khuff et Chudzinski, il organisa plus tard le laboratoire de 1876, dont il prit la direction ; M. Topinard, d'abord préparateur, en devint plus tard le directeur adjoint. Dans le même temps, la Société d'anthropologie, grâce à l'importance croissante et reconnue de la science qu'elle cultive, grâce à l'influence de Broca, obtint la jouissance des importants locaux qu'elle occupe aujourd'hui. De nombreuses souscriptions, qui s'élevèrent à près de 50 000 francs, permirent de transformer ces greniers en salles spacieuses et claires. A côté du laboratoire, la bibliothèque, à côté de la bibliothèque si riche aujourd'hui, si libéralement ouverte, le musée, que nous sommes fiers d'appeler du nom de son fondateur. Une école, enfin, vint compléter cette série, une école qui n'eut que plus tard le droit de prendre ce titre. On autorisait des cours individuellement, mais non une école, tant la défiance était grande encore dans les bureaux de l'instruction publique. L'histoire des difficultés de détail qu'eut à vaincre Broca à Paris même, alors que l'Europe savante tout entière retentissait de la gloire de son nom et que dix sociétés s'étaient fondées à l'étranger sur le modèle de la nôtre, et dans quelles villes ! Londres, Madrid, Berlin, Florence, Moscou, Vienne, Bruxelles — montre quelles ressources, quelle ténacité, quelle persévérance, quelle diplomatie, quelle force il lui a fallu pour mener à bout cette entreprise. Mais, peu après, les succès éclatants des cours faits par des hommes peu connus du public, au troisième étage d'un vieil édifice d'apparence insalubre, forcèrent la main d'un ministre distingué, M. Bardoux, et l'École fut autorisée ; bien plus, des subventions lui furent accordées, qui, jointes à une rente de 2000 francs servie par M. Jourdanet, un des fondateurs, pour une chaire de géographie médicale, portèrent à 34 000 francs les ressources annuelles de l'école et du laboratoire.

Le titre des chaires fut déterminé par Broca ; les professeurs furent élus par les fondateurs ; ils étaient d'ailleurs seuls candidats, seuls désignés, seuls disposés à se risquer à faire un cours dans des régions inconnues du public et peu accessibles. Le succès surprit la plupart d'entre eux, et Broca lui-même, qui vit cette salle bondée d'auditeurs enthousiastes applaudissant sa parole nerveuse, vivace, rapide, qui semblait ne vouloir jamais rendre assez vite le foisonnement de sa pensée. Il préparait ses leçons avec un soin extrême, consacrait des journées entières à en rassembler les matériaux et à tracer les grandes lignes en des notes succinctes dont notre collègue M. Hervé a su développer l'expression dans une sorte de reprise posthume des cours du maître. Il marquait un zèle peu commun en faisant deux leçons par semaine, sans que son enseignement chirurgical et ses devoirs professionnels en fussent ralentis. Il assuma toute l'administration de ces différentes branches de l'institut anthropologique qui est une espèce de fédération dont les départs sont difficiles à déterminer. Disons que notre regretté collègue Leguay, à la fois architecte et trésorier, M. Dureau et M. Drouault lui donnèrent leur vaillant concours.

Il convient, ici, de mettre en relief un trait particulier presque paradoxal du caractère de l'éminent directeur. Cette école, on aurait pu croire qu'il la voulait faire sienne, mais il n'en fut rien. Jamais il ne se permit — lui qui y aurait eu tant de droits — la moindre ingérence dans l'enseignement de ses collègues, et il ne donna de conseils qu'à ceux qui les sollicitèrent. Cette école, si librement menée, a conservé ce caractère. Elle n'a pas de règlement, elle n'a que des traditions et des précédents sans qu'aucune perturbation soit jamais survenue.

Le libéralisme absolu de Broca tenait, je pense, à une certaine indifférence à l'égard des opinions d'autrui, comme à l'égard de leurs sentiments ; il ne suivait guère que sa propre pensée, il ne lisait point pour lire, mais en vue du travail présent. Ce qu'on écrivait sur son compte le laissait froid. On n'écrivait guère que des éloges d'ailleurs et parfois hyperboliques. Je lui portai un journal où, à la suite d'une de ses leçons, un auditeur enthousiaste l'appelait géant; il en eut un franc accès de rire. Peut-être eût-il mieux aimé la critique, la critique un peu âpre dont il avait donné des exemples un peu trop remarquables dans sa jeunesse lorsqu'il collaborait au *Moniteur des hôpitaux*. J'ai beaucoup écrit sur les travaux de Broca à une époque de ma vie où je voyais la terre peuplée de grands hommes et de grands anthropologistes. Il l'a quelquefois remarqué, mais il ne m'en remercia jamais. Il m'arriva un jour de parler de son savoir universel. « Vous êtes bien bon, m'écrivit-il, mais songez que le déluge lui-même n'a pas été universel. » Je me le tins pour dit, et dès lors je ne rencontrai plus de grands hommes. Jamais il ne remerciait personne. J'en usai de même à l'occasion envers lui, et l'occasion était fréquente : il ne s'en aperçut pas. Il faisait les choses pour elles-mêmes, et comme il était judicieux, tout tournait à bien, mais non sans qu'il eût eu à combattre les difficultés que créait parfois la complexité de ses vues. Son esprit était, en effet, fort éloigné du *simplisme*. Il voyait à la fois toutes les faces des choses, les raisons opposées, les avantages et les dangers, les rayons et les ombres. Il le disait loyalement, il exposait clairement le pour et le contre; il ne se laissait pas entraîner, il concluait sur un point particulier, jamais sur un ensemble. Si toutes les faces de la biologie et plusieurs points de la chirurgie ont reçu de Broca de vives lumières, pas une doctrine, ni scientifique, ni religieuse, ni morale, ni philosophique, ne put s'étayer de son nom. Toutes pouvaient trouver en lui un adversaire. Il n'aimait guère la philosophie ; d'ailleurs, il la confondait avec la métaphysique, qu'il couvrait du mépris voltairien. Peut-être, s'il eût vécu, eût-il synthétisé ses vues, mais j'en doute ; très versé dans la littérature et dans l'histoire des philosophies classiques, il ignorait les contemporains. Il ne connaissait ni Auguste Comte ni Herbert Spencer, qui n'avaient pas eu de laboratoire et qui n'avaient pas été internes des hôpitaux.

Sa bonté était grande, mais son abord était indifférent et froid. Préoccupé de ses idées, il négligeait les formes. Ses interlocuteurs sentaient qu'il n'avait pas de temps à perdre. Il n'en perdait guère en vérité : après son enseignement clinique, son service d'hôpital, ses visites consacrées le plus souvent aux malades pauvres et à cette masse de clientèle amicale à laquelle il semblait donner la préférence, n'ayant pas besoin du petit écu de son père! un déjeuner souvent tardif, toujours rapide, la consultation, le laboratoire, la Société, l'école, les jurys de concours et d'examen, qu'il maudissait, pas une minute perdue, et toujours en mouvement. Je me rappelle que, dans notre étape de la rue de l'Abbaye, nous avions, comme ici d'ailleurs, trois horribles étages à grimper. Broca les escalade en courant, il arrive haletant, ne répondant à aucun bonjour, se revêt du fameux tablier blanc et se permet alors, en face des préparations qui encombraient le laboratoire où il passait presque tous ses après-midi, de respirer, je veux dire de travailler à l'aise. Le soir, il se séparait de sa jeune famille à huit heures et demie, rarement plus tard, et pendant vingt ans la lampe légendaire de la rue des Saints-Pères brillait bien au-delà de minuit aux regards des passants attardés. Pendant dix années, M. Drouault travaillait avec lui, soit à sa bibliothèque, soit aux calculs minutieux des mensurations, calculs dont Broca vérifia chaque chiffre ; quand minuit sonnait, obéissant à une stricte consigne, le secrétaire faisait remarquer l'heure ; mais Broca trouvait toujours quelque prétexte pour prolonger la veille.

Encore qu'avec M. Chudzinski il fit de fréquentes visites à son cher laboratoire, la guerre, le siège, la Commune lui donnèrent une nouvelle forme d'activité. Il présidait la commission de l'Assistance publique, il dirigeait à la Pitié un service chirurgical encombré de blessés et la grande ambulance de l'hôtel de Chimay. Au péril de sa vie, il sauva du pillage et fit transporter à Versailles la caisse de l'Assistance publique qui contenait 75 millions de francs, tant en numéraire qu'en titres, et n'en reçut du gouvernement ni récompense ni remerciement. Bien plus, le conseil de l'Assistance publique, qui avait fait preuve pendant la guerre de tant d'habileté et de dévouement, fut immédiatement dissous. Broca eut, comme son maître Gerdy, l'étonnement et le plaisir d'être nommé deux fois membre de la Légion d'honneur.

Dès 1872, la *Revue d'anthropologie* fut fondée; nos publications étaient en effet encombrées et Broca, ne voulant prendre la place de personne, réserva pour ce recueil la plupart des mémoires qu'il avait lentement préparés. Là se trouvent des chefs-d'œuvre sur les indices céphaliques, sur l'indice nasal, sur les angles céphaliques, sur l'indice orbitaire, qui se succédèrent rapidement.

Un des premiers, le premier peut-être parmi les savants français officiels, il osa agrandir les auditoires scientifiques ; il chercha à faire pénétrer la science dans toutes les couches sociales. Il ne suffisait pas, croyait-il, d'entretenir la haute culture chez les esprits d'élite, il voulait que les savants fussent en rapports constants avec la foule. Aussi fut-il un conférencier dévoué et, malgré les difficultés des sujets qu'il traitait, populaire. Il ne demandait aux gens que du bon vouloir. Que de fois n'a-t-il pas montré le musée, par ci, par là même, à des étrangers curieux, à des inconnus ; il suffisait d'arriver au moment opportun, et alors, sans trop regarder ses visiteurs, il ne ménageait ni ses pas ni ses explications.

Je ne puis omettre de mentionner ici la part capitale que Broca prit à la fondation de l'Association française pour l'avancement des sciences, et dont le premier congrès se tint à

Bordeaux par son entremise et par ses soins. Il assista à bien des congrès internationaux : à Bologne, à Pesth, à Moscou, à Copenhague; il organisa avec M. Hamy l'exposition anthropologique de 1867; avec M. de Mortillet, celle de 1878; il présida le congrès qui se tint à cette époque.

Cette brève énumération suffit à peine à donner une idée de la prodigieuse activité du maître qui grandissait notre influence scientifique dès le lendemain même de nos désastres.

L'année 1880 allait donc s'ouvrir devant Broca pleine de promesses et de gloire, lorsqu'un événement inattendu, mais peu désiré, vint combler la mesure de ses honneurs. Le 10 février, le Sénat, désireux pour son prestige de s'associer des hommes d'une science éprouvée, l'élut sénateur inamovible, et les amis du nouveau sénateur, sachant avec quelle ardeur il prenait son devoir, ne virent pas sans effroi cette charge nouvelle s'imposer à son patriotisme. Dès lors, il ne s'appartint plus, il ne nous appartint plus. Il fit sa dernière leçon la même semaine. Il est difficile de dire ici quel concours extraordinaire de félicitations il reçut, à quelles fêtes il fut convié de toutes parts et quelle fatigue il en ressentit. Mais, de toutes ces fêtes, il n'en fut pas, à coup sûr, de plus grandiose que le banquet qui lui fut offert quelques jours plus tard au nom de cette Société et où prirent place, comme ils le purent, plus de deux cent cinquante convives, chiffre auquel il avait fallu réduire la liste des souscripteurs. Là, nous vîmes se produire sous les formes les plus variées du langage les sentiments d'estime, d'admiration et d'affection les plus profonds : Henri Martin, M. Béclard, M. Verneuil, M. Ploix, M. Trélat, M. Pozzi; bien d'autres encore vinrent successivement au nom des corps auxquels appartenait Broca, rendre hommage à leur collègue, à leur ami, à leur camarade, à leur maître. Et quelle ne fut pas l'émotion de l'assistance et de Broca lui-même quand M. Verneuil, cet ami de trente-cinq ans, se leva et vint évoquer le souvenir de Follin et les phases de leur amitié ! «On a rappelé, dit-il, les grands côtés : amour sans bornes pour la science, la vérité et la justice ; opiniâtreté dans le travail ; fermeté des convictions ; droiture de la conduite ; simplicité de la vie ; ardeur du patriotisme. On a rappelé que tu comptais des amis sans nombre. La chose est à la fois vraie et naturelle, puisque tu en gagnais chaque jour et que tu n'en as jamais perdu. » Cruelle ironie du sort ! Ceux-là mêmes qui saluaient à son triomphe cet homme comblé d'honneurs, à qui aucun bonheur n'avait manqué, qui, demain peut-être, à en juger par l'accueil que lui fit le Sénat, allait prendre quelque part importante dans le gouvernement de la France, ceux-là mêmes devaient, quelques mois plus tard, répéter sur sa tombe encore ouverte les paroles qu'ils venaient de prononcer.

Le 8 juillet 1880, Broca eut au Sénat un étourdissement passager, une vive douleur au bras gauche ; il rassura ses collègues sur la signification et les suites de cet accident ; il s'endormit profondément dans la soirée, et vers minuit il succombait, après quelques mouvements agités sans avoir repris connaissance, à l'âge de cinquante-six ans. Partout l'affliction fut grande ; non moins grande fut la surprise.

Il ne semblait pas qu'il dût mourir sitôt. On savait qu'il avait surmené le travail, on savait qu'il avait profondément souffert de toutes les émotions que, par ces temps agités, ressentent les hommes de cœur et les patriotes. Mais, à ce travailleur obstiné, à cet homme de bien, on voulait que la destinée pût être clémente ; son œuvre était inachevée, mais sa méthode était arrêtée, son plan désormais tracé ; il ne s'attardait plus aux accidents des grandes discussions, ses élèves, ses collaborateurs, de tous les points du monde, l'aidaient admirablement ! Le bonheur qu'il goûtait au milieu des siens semblait devoir réparer la fatigue et les agitations d'une vie trop laborieuse. Vains et stériles regrets ! Quelques-uns parmi les plus sages des hommes nous disent que pour ceux qui sont arrivés aux plus hauts sommets de la science en face de l'éternel souci de la misère humaine et de notre éternelle impuissance, la mort est une délivrance ;

cela ne peut se dire de ces infatigables travailleurs, animés de la foi humanitaire pour qui la grandeur du mal est tout autre chose qu'un thème à lamentations. En Broca, l'humanité, la patrie et le progrès perdent un serviteur passionné.

Peu d'hommes cependant furent plus heureux des biens du sort et de ceux que la société attribue à ses élus. Il fut comblé d'honneurs; il eut ceux qu'il a recherchés; il eut ceux-là mêmes dont il ne se souciait pas. Il eut une famille digne de lui, digne de porter, digne de transmettre son nom. Dès l'aube de sa vie, il avait attiré les regards de tous, et son prestige le suivit au parlement. Pas un de ses efforts, pas un de ses travaux ne fut perdu; des disciples nombreux se sont groupés à son appel et sont librement restés unis, comme il le désirait, autour de sa mémoire; son œuvre sera propagée, continuée peut-être, il a laissé de nobles exemples de droiture, de travail, d'honnêteté qui, certes, ont élevé le niveau moral des jeunes générations. Considérons aussi que les œuvres vives du fondateur de cette Société, de ce Laboratoire, de ce Musée, de cette Bibliothèque, de cette Ecole, objet de sa prédilection, n'ont point péri, mais qu'elles ont prospéré; que les auditeurs affluent à nos séances et à nos cours; que les sociétés, les chaires, les revues périodiques consacrées à l'anthropologie se sont multipliées dans les deux mondes; que nos cités savantes, Lyon, Bordeaux et Toulouse, rivalisent d'ardeur avec nous, et qu'un jeune maître, enfin, digne de sa renommée croissante, a pu s'asseoir dans cette chaire magistrale sans qu'elle perdît de son éclat. Que ce soit là notre consolation!

Messieurs, il est beau de laisser un grand nom, il est beau de laisser de grands travaux, il est beau de laisser de grands exemples; mais laisser à la fois des descendants dignes de ce nom, des exemples mémorables et des œuvres puissantes, cela atteint la mesure des vies les mieux remplies.

Tel fut le sort, tel est l'honneur de Broca.

Paris. — Typographie A. Hennuyer, rue Darcet, 7.

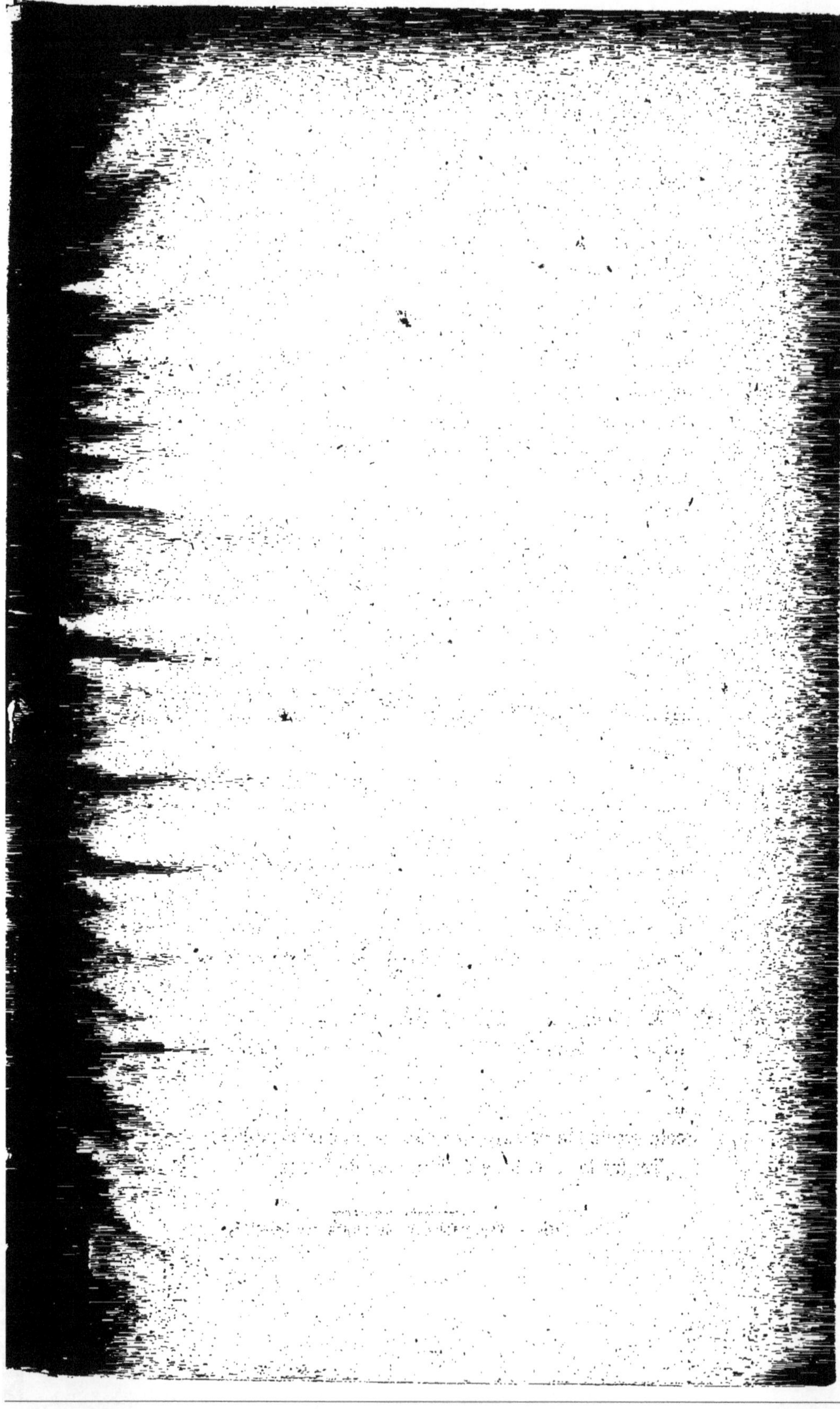

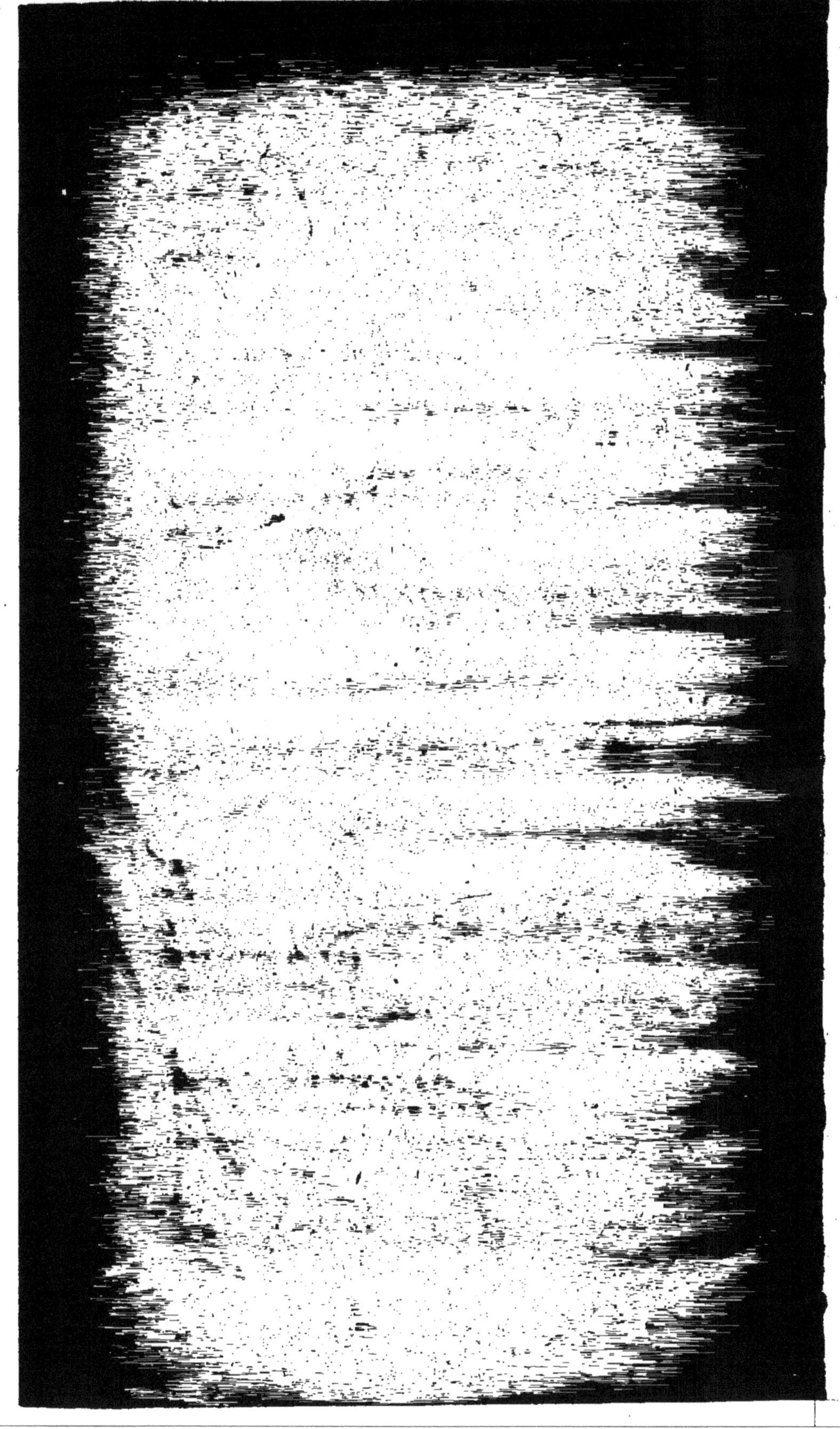

www.ingramcontent.com/pod-product-compliance
Ingram Content Group UK Ltd.
Pitfield, Milton Keynes, MK11 3LW, UK
UKHW022151170726
13837UKWH00004B/1930